朝讀經典

修齊治平

中學生

9

馮天瑜／主編

本書編委會

主　編　馮天瑜

副主編　曾　暉

編　委　（以姓氏筆畫為序）

王林偉　左松濤　邢曉明　劉　耀

江俊偉　余來明　陳文新　鍾書林

姜海龍　姚彬彬　徐　駱　謝遠筍

/ 編輯說明 /

本套讀本的編寫，遵循如下原則：

一、 注重中華文化的弘揚與教育。本套讀本從浩如煙海的傳統文化典籍中，遴選能夠涵養做人處事價值觀的、千古傳誦的經典原文，使學生透過誦讀學習，由淺入深地提高對中華文化的認知度，潛移默化地增強對文化的自覺與自信，認真汲取其思想精華和道德精髓，真正實現中華文化在青少年身上的傳承與弘揚。

二、 尊重中華文化自身固有的特性。從「國文」（語言文字）、「國史」（歷史統系）、「國倫」（倫理道德）三個層面選取古典篇目，兼顧德性培育、知性開發與美感薰陶。因為中華文化本身即是「國文」「國史」與「國倫」的綜合，德性、知性與美感的統一。

三、 尊重學生發展不同階段的特點。選取篇目力求平和中正，典雅優美，貼近生活，明白曉暢，讀來趣味盎然；由易到難，由淺入深，循序漸進，合理編排，使學生先領會傳統文化的趣、美、真，進而達於善。

四、 兼顧篇章組合的系統性和多元性。以家國情懷、社會關愛、人格修養為主線，分主題展示中華文化。篇目選取不限某家某派，不拘文類，義理、詩文、史傳等兼收並蓄，異彩分呈。同時注意選文的易誦易記，便於學生誦讀。

中華文化源遠流長，凝聚著古聖先賢的智慧，亦是安身立命的基礎與根本。本套書古今貫通，傳承優秀文化；兼收並蓄，汲取異域英華，對推動中華文化創造性轉化、創新性發展，以及培育才德兼備的下一代，意義深遠。

本書編委會

目　錄

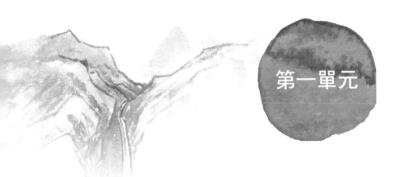

第一單元

修齊治平

「修齊治平」來源於《禮記・大學》，原文謂：「身修而後家齊，家齊而後國治，國治而後天下平。」指出人的理想，即提高自身修養，建設好自己的家庭和家族，治理好國家，讓天下百姓安享太平。儒家以「修身」為核心，強調個人道德修養與治國、平天下的統一性，主張由近及遠，由己及人。

❶天下國家①

《孟子・離婁上》

孟子曰：「人有恆言②，皆曰『天下國家』。天下之本在國，國之本在家，家之本在身。」

▲孟子像

注 釋 ∙∙

①選自《四書章句集注》（中華書局 1983 年版）。標題為
　編者所加。
②恒言：常言，即俗語、口頭語。

文 意 ∙∙∙

　　孟子說：「人們有句口頭語，都說『天下國家』。天
下的基礎在國，國的基礎在家，家的基礎在個人。」

你知道嗎

古人的「國」與「天下」

　　我們今天說的「國」，是指一個有疆域、有人民、有獨立地位和主權的不同於地區的政治實體，而「天下」，一般是指全世界。但古人對這兩個詞的用法與現在是有區別的。古人所說的「國」，一般是指侯王的封地，有時候又指國都；而「天下」，主要是指中國範圍內的全部土地和統治權。有學者指出，古人相信四海之內的「天下」，是一個由龐大而文明的中央帝國和拱衛在周邊的蠻夷小國構成的空間。

　　中國古代長期的集權專制制度，使人們形成了一種特殊的國家觀。在皇權時代，多數人認為，國家是由無數「小家」集合而成的「大家」，而整個天下則是帝王至尊的「家天下」。因此，宗法專制社會中的「效忠國家」往往幾乎等同於「效忠君王」。

❷ 三達德①

《中庸》

知②、仁、勇三者，天下之達德也，所以行之者一也。或生而知之，或學而知之，或困③而知之，及其知之一也；或安而行之，或利而行之，或勉強而行之，及其成功一也。子曰：「好學近乎知，力行近乎仁，知恥近乎勇。知斯三者，則知所以修身；知所以修身，則知所以治人；知所以治人，則知所以治天下國家矣。」

▲〈松石圖〉〔清〕弘仁

①選自《四書章句集注》（中華書局1983年版）。標題為
　編者所加。達德，通行不變的德行。
②知：通「智」，智慧。
③困：困頓，困難。

　　智、仁、勇三者，是天下通行不變的德行，踐行這三
種德行的方式是一樣的。有的人生來就知道它們，有的人
要通過學習才知道它們，有的人要經歷困難後才知道它們，
等到最終知道了，就是一樣的了。有的人自覺自願地去踐
行它們，有的人為了得到好處才去踐行它們，有的人勉強
去踐行它們，等到最終踐行成功了，就是一樣的了。孔子
說：「喜歡學習就接近智了，努力踐行就接近仁了，知道
羞恥就接近勇了。知道這三點，就知道怎樣提高自己的修
養；知道怎樣提高自己的修養，就知道怎樣管理他人；知
道怎樣管理他人，就知道怎樣治理天下和國家了。」

三達德

　　《中庸》將「知」「仁」「勇」三德視為「天下達德」，並引用孔子的言論，說「好學近乎知，力行近乎仁，知恥近乎勇」。《論語·子罕》也將「知」「仁」「勇」三德並提，認為「知者不惑，仁者不憂，勇者不懼」。可見孔子對這三種德行的重視。

　　「知」的本義是知道，後寫為「智」，是聰明、智慧的意思。智慧是通過「好學」得來，其結果是「不惑」，即能對自己、他人和萬事萬物都有正確的認識，能明辨是非。「仁」的本義是人與人互愛，仁愛可通過「力行」來體現，秉持仁愛之心的人能寬待萬物，所以少有煩憂。「勇」的本義是勇力、勇敢，勇敢的表現有多種，孔子提倡的不是臨事蠻幹的匹夫之勇，而是「知恥」的君子之勇，是以仁義禮智信等為前提的勇敢。能夠達到君子之勇的人才能真正無所畏懼。

　　在今天，「知」「仁」「勇」三德仍然被較為完整地繼承下來，在當代公民人格的養成中，發揮著應有的作用。

▲〈紅山行旅圖〉（局部）〔金〕太古遺民

❸明道救世①

〔清〕顧炎武

　　凡今之所以為學者，為利而已，科舉是也。其進② 於此，而為文辭著書一切可傳之事③ 者，為名而已，有明④ 三百年之文人是也。君子之為學也，非利己而已也，有明道淑人⑤ 之心，有撥亂反正⑥ 之事，知天下之勢之何以流極而至於此，則思起而有以救之。

①選自《顧炎武全集》（上海古籍出版社 2011 年版）。標題為編者所加。

②進：超過。

③可傳之事：可以流傳的事。

④有明：明朝。有，名詞詞頭，無實義。

⑤明道淑人：彰明道德，使人向善。淑，善良，美好。此處用為動詞。

⑥撥亂反正：治理亂世，恢復正常秩序。撥，治理。反，同「返」。

　　大凡今天做學問的人，只是為了追求功利，參加科舉的人就是這樣的。比追求功利好一點，而寫文章著書，做一切能流傳後世的事情的人，也不過是為了追求名聲，明朝近三百年間的文人就是這樣的。君子做學問，不是有利於自己就行了，要有彰明道德、使人向善的想法，去做治理亂世、恢復正常秩序的事情，知曉天下形勢怎麼會發展到這樣，就要想著奮起加以匡救。個人都能成為聖人，於是自己也就有了當聖人的使命感。

顧炎武的明道救世觀

　　顧炎武是中國古代學術史上屈指可數的大儒，他在經學、史學、語言學等領域有著極高的造詣，與黃宗羲、王夫之並稱為「明末清初三大儒」。顧炎武讀書講究「明道救世」，認為讀書人應「博學於經史之文及當代之務，而致用於修己治人之實踐」，將學問與社會、國家聯繫起來，學不利己，學利天下。明代的科舉取士制度使得部分讀書人目光短淺，只是空談理論、追求名利，而忽略救國救民的大事。面對朝代更替時社會黑暗、百姓疾苦的狀況，顧炎武發出了「拯斯人於塗炭，為萬世開太平」和「保天下者，匹夫之賤，與有責焉耳矣」的壯語，以博大的胸襟和高尚的氣節激勵著無數仁人志士。顧炎武的所為，是君子學以救世的典範。

❹澹泊明志①

〔三國〕諸葛亮

夫君子之行，靜以修身，儉以養德。非澹泊無以明志，非寧靜無以致遠。夫學須靜也，才須學也，非學無以廣才，非志無以成學。慆慢②則不能勵精，險躁③則不能治性。年與時馳，意與歲去，遂成枯落④，多不接世⑤，悲守窮廬，將復何及！

〈閉戶著書圖〉〔清〕沈顥

注 釋

①選自《諸葛亮集箋論》（陝西人民出版社1997年版）。
　標題為編者所加。澹泊，即「淡泊」，不熱衷於名利。
②惛（ㄊㄠ）慢：懈怠傲慢。一作「淫慢」。
③險躁：冒險急躁。
④枯落：凋落，衰殘。
⑤接世：繼承前輩的事業。

 文 意

　　君子的行為，是以靜思來提高修養，以儉樸的生活來培養品德。不看淡眼前名利就無法明確志向，不保持內心寧靜就無法實現遠大目標。學習必須靜心專一，才幹必須通過學習取得，不學習就無法增長才幹，沒有志向就無法成就學業。懈怠傲慢就無法振奮精神，冒險急躁就不能涵養性情。年華隨時間流逝，意志被歲月消磨，最終使人如枯枝敗葉一樣衰殘，大多不能繼承前輩的事業，只能悲哀地困守在自己的破房子裡，到那個時候，悔恨又怎麼來得及呢！

諸葛雙忠祠

　　綿竹諸葛雙忠祠即諸葛瞻父子墓祠，是四川省重要的蜀漢遺跡之一。其與成都武侯祠遙相呼應，都是為了紀念諸葛一門「三世忠貞」而建的。成都武侯祠大殿內供奉有諸葛亮祖孫三代的塑像，而綿竹諸葛雙忠祠舊有的塑像也為諸葛亮祖孫三代。這兩處祠堂，寄託了後世對諸葛亮及其子孫「鞠躬盡瘁，死而後已」人格風範的敬仰之情。

　　綿竹是諸葛瞻父子斬使拒降、為國捐軀的地方。263年冬，魏國征西將軍鄧艾奇襲陰平，自景谷道攻入，諸葛瞻督率軍隊前往抵抗，與其子諸葛尚二人戰死疆場。清代洪成鼎有詩曰：「國破難將一戰收，致使疆場壯千秋。相門父子全忠孝，不愧先賢忠武侯。」

❺修之於天下①

《老子》

善建者②不拔，善抱者③不脫，子孫祭祀不輟。

修之身，其德乃真；修之家，其德有餘；修之鄉，其德乃長；修之於國，其德乃豐；修之於天下，其德乃普。

故以身觀身，以家觀家，以鄉觀鄉，以國觀國，以天下觀天下。吾何以知天下之然？以此。

①選自《老子校釋》（中華書局 1984 年版）。標題為編者
　所加。
②善建者：善於建造的人。
③善抱者：善於抱持的人。

文　意

　　善於建造的人建造的東西不可拔除，善於抱持的人所
持的東西不會脫落，如果子孫能夠遵循這個道理，那麼家
族的延續就不會斷絕。

　　用這個道理提高自身修養，他的德行就會純正；用這
個道理治理家庭，他的德行就會有餘；用這個道理治理鄉
里，他的德行就會得到延展；用這個道理治理國家，他的
德行就會豐盈；用這個道理治理天下，他的德行就會無限
普及。

　　所以，可以通過人來觀察人，通過家來觀察家，通過
鄉來觀察鄉，通過國來觀察國，通過天下來觀察天下。我
通過什麼來了解天下的情況呢？就是通過這個道理。

老子與《老子》

　　老子，姓李名耳，字聃（ㄉㄢ），春秋時期思想家，楚國苦縣（今河南鹿邑東）屬鄉曲仁里人。《老子》一書是記錄老子學說的著作，又名《道德經》，分為兩部分，共八十一章，其中三十七章為「道經」，四十四章為「德經」，《道德經》是後世的稱謂。其成書年代多有爭論，至今仍無法完全確定。學術界根據1993年出土的郭店楚簡本《老子》的年代推算，認定其成書不遲於戰國中前期。《史記》記載，孔子曾向老子請教學問，由此推斷老子年紀應稍長於孔子。

行知園

口能誦

背誦本單元的課文並完成下面的填空。

（1）天下之本在國，＿＿＿＿＿＿＿＿，＿＿＿＿＿＿＿＿。

（2）或生而知之，＿＿＿＿＿＿＿＿，＿＿＿＿＿＿＿＿，及其知
之一也。

（3）非澹泊無以明志，＿＿＿＿＿＿＿＿。

學而思

　　知識份子應該抱一種天降大任義不容辭的態度，去擔當領
導大眾繼往開來的責任，這是在強調知識份子的社會責任感。
想一想，下列哪一項不能支持這個觀點？

（1）面對黑暗的官場，陶淵明「不為五斗米折腰」，在田園「著
文章自娛」。

（2）唐代的玄奘法師不滿足於當時中國流傳的佛教學說，西行
數萬里，歷時十多年，遠赴印度學習佛法，與弟子一起譯
出佛經一千多卷。

（3）面對外敵入侵，文天祥領兵報國，捨生取義，「留取丹心
照汗青」。

（4）面對麻木的國民，魯迅毅然棄醫從文，在茫茫的黑夜中奮
力吶喊，激勵愛國者不斷前行。

行且勉

　　有這樣一位愛國志士，當有人問他天下何時太平時，他說：「文臣不愛錢，武臣不惜死，天下太平矣。」你知道他的名字嗎？現在設想你們是電視臺某節目組，正在製作歷史名人節目，請為這位愛國英雄撰寫一段介紹語，看哪個小組的介紹語內容翔實而又文采斐然。

第二單元

明德至善

明德，指的是上天賦予我們的美好的德行；至善，指的是人的道德修養所能達到的最高境界。求學問道、治國平天下，要有窮理盡性的實踐功夫，把蘊含在人性之中的明德發揮出來，去建設文明富強的國家，從而讓整個社會臻於完善。

▲〈松梅圖〉（局部）〔清〕弘仁

❻明明德①

〔宋〕朱熹

大學②之道，在明明德，在親民③，在止於至善。

明德者，人之所得乎天，而虛靈不昧，以具眾理而應萬事者也。但為氣稟所拘，人欲所蔽，則有時而昏；然其本體之明，則有未嘗息者。故學者當因其所發而遂明之，以復其初也。新者，革其舊之謂也，言既自明其明德，又當推以及人，使之亦有以去其舊染之汙也。止者，必至於是而不遷之意。至善，則事理當然之極也。言明明德、新民，皆當至於至善之地而不遷。

①選自《四書章句集注》（中華書局 1983 年版）。標題為
　編者所加。選文第一段為《大學》原文，第二段為朱熹
　章句。明明德：彰顯美好的德行。前一「明」為動詞，
　彰明；明德，美好的德行。
②大學：指關於道德修養的，成就大人、君子的學問。
③親民：使百姓的生活改舊換新。親，通「新」。

文 意

　　大學的宗旨，在於彰顯美好的德行，在於讓百姓的生
活改舊換新，在於達到最美好的境界。

　　所謂明德，就是指人從上天那裡得到的德行，它虛靜、
靈善，不被遮蔽，可以用來掌握各種各樣的道理，應對各
種各樣的事情。但它受到天資的局限和人的欲望的蒙蔽，
有時候會被埋沒；然而它光明的本性，卻從未消失過。所以，
治學的人就應該趁它顯露時就彰顯它，來回歸它原來的樣
子。所謂新，就是改革舊的東西，它說的是：治學的人既
然已經彰明自己的美德，就應該進一步推廣到他人，讓他
人也能去除舊時所染的汙穢。所謂止，就是必須要達到目
標並始終不渝的意思。所謂至善，就是指道德的最高境界。
說的是「明明德」和「新民」這兩件事，都應該達到最完
美的境界，並始終不變。

《四書章句集注》

　　《四書章句集注》是南宋大儒朱熹的著作，是歷朝歷代關於「四書」最為重要的注本之一。其內容分為《大學章句》《中庸章句》《論語集注》《孟子集注》四個部分。在這本書中，朱熹首次將《禮記》中的《大學》《中庸》兩篇與《論語》《孟子》並列編排在一起，將它們視為儒家最重要的經典，作為研讀「六經」的階梯。在朱熹看來，這四者合起來恰好體現了儒家思想由孔子到曾參、子思，再到孟子的發展過程，是思想上緊密聯繫的整體。後人將朱熹對「四書」的注釋合稱為《四書章句集注》。

❼知其所止①

《大學》

　　《詩》云：「邦畿②千里，惟民所止。」《詩》云：「緡蠻③黃鳥，止於丘隅④。」子曰：「於止，知其所止，可以人而不如鳥乎？」《詩》云：「穆穆⑤文王，於⑥緝熙⑦敬止⑧。」為人君，止於仁；為人臣，止於敬；為人子，止於孝；為人父，止於慈；與國人交，止於信。

▲〈松竹鳴禽圖〉（局部）〔清〕張若靄

注 釋

①選自《四書章句集注》（中華書局 1983 年版）。標題為
　編者所加。止，停止，栖息。
②邦畿（ㄐㄧ）：都城及其周邊地區。
③緡（ㄇㄧㄣˊ）蠻：鳥鳴聲。
④隅：角落。
⑤穆穆：雍容莊重的樣子。
⑥於（ㄨ）：感嘆詞。
⑦緝熙：光明。
⑧止：語氣助詞。

文 意

　　《詩經》說：「幅員千里的都城及其周邊地區，正是
百姓居住的地方。」《詩經》又說：「啾啾鳴叫的黃鳥，
栖息在山丘多樹的角落中。」孔子說：「在找準自己的位
置這件事上，黃鳥知道應該栖息在什麼地方，難道人還不
如鳥嗎？」《詩經》說：「雍容莊重的文王啊，他德行光
明而又嚴肅謹慎。」身為國君，應該把仁愛作為目標；身
為人臣，應該把恭敬作為準則；身為子女，應該把孝順作
為根本；身為父母，應該把慈愛作為標準；與他人交往，
應該把誠實守信作為原則。

「十三經」及其形成

　　「十三經」指儒家的十三部經典著作，即《周易》《尚書》《詩經》《周禮》《儀禮》《禮記》《春秋左氏傳》《春秋公羊傳》《春秋穀梁傳》《論語》《孝經》《爾雅》《孟子》。就歷史而言，「十三經」是由漢朝的「五經」逐漸發展而來的，最終形成於宋代。在漢代，朝廷將《周易》《尚書》《詩經》《儀禮》《春秋》立於學官，稱為「五經」，並為其確立師法。到了唐代，人們將《周易》《尚書》《詩經》《周禮》《儀禮》《禮記》和「《春秋》三傳」立於學官以取士，稱為「九經」。唐文宗時期所刻的石經在「九經」之外，還包括《論語》《孝經》和《爾雅》，這就構成了十二部儒家經典。到了宋代，《孟子》也正式成為「經」。至此，儒家的「十三經」完全形成。「十三經」是了解儒家乃至中國文化的根本典籍。

❽帝嚳至德①

〔漢〕司馬遷

　　高辛生而神靈，自言其名。普施利物，不於其身。聰以知遠，明以察微。順天之義，知民之急。仁而威，惠而信，修身而天下服。取地之財②而節用之，撫教萬民而利誨之③，曆日月④而迎送之，明鬼神而敬事之。其色郁郁⑤，其德嶷嶷⑥。其動也時⑦，其服也士。帝嚳溉執中⑧而遍天下，日月所照，風雨所至，莫不從服。

▲帝嚳像

①選自《史記》（中華書局 1959 年版）。標題為編者所加。
　帝嚳（ㄎㄨˋ），即高辛，黃帝的後代，五帝之一。
②財：通「材」。
③利誨之：教給他們有益的事情。
④曆日月：依照日月運行的規律制定曆法。
⑤郁郁：神色莊重的樣子。
⑥嶷（ㄋㄧˋ）嶷：高峻的樣子。
⑦時：合乎時宜。
⑧執中：中正公平，不偏不倚。

文　意

　　帝嚳高辛一出生就有神異之處，能說出自己的名字。他普遍施惠於萬物，卻不惠及自身。他的聰明使他既能知曉深遠之事，又能洞察細微的事理。他順應天意，知道民眾的需要。他仁愛而有威嚴，慈惠而講信義，不斷地完善自身，使整個天下都歸服他。他收取土地上的各種物產，使用時卻節儉有度；他撫愛、教化天下的百姓，將有益的事教給他們；他根據日月的運行規律制定曆法，並按時舉行迎送之禮；他能明瞭鬼神之事並虔敬地祭祀。他神色莊重，道德高尚。他的行為舉動都合乎時宜，他的穿著與士人一樣。帝嚳治理天下萬民，就像雨水灌溉農田那樣公正，遍及天下，凡是日月所照耀的地方，風雨所到達的地方，沒有人不歸服他。

紀傳體

　　紀傳體是中國編撰史書的一種傳統體裁。西漢時期，司馬遷撰寫《史記》，開紀傳體史書的先河。他以十二本紀、三十世家、七十列傳、十表、八書等內容，全面而生動地展現了中華民族自傳說中的黃帝時期到漢武帝時期波瀾壯闊的歷史。此後，很多史家繼承了司馬遷開創的紀傳體寫法，撰寫了歷朝歷代的正史，其中最有名的是班固的《漢書》。《漢書》以《史記》為範本，用紀、表、志、傳等形式記載了西漢兩百餘年的史事，成為首部紀傳體斷代史。《漢書》的編撰體例後來成為歷代編修正史的標準形式。紀傳體史書的突出特點是以大量人物傳記為中心內容，是記言、記事的進一步結合，能夠更好地表現人物的性格。

❾巍巍至德①

《論語 · 泰伯》

(一)

子曰：「大哉堯之為君也！巍巍乎！唯天為大，唯堯則②之。蕩蕩③乎！民無能名焉。巍巍乎！其有成功也；煥④乎，其有文章⑤！」

(二)

舜有臣五人而天下治。武王曰：「予有亂臣⑥十人。」孔子曰：「才難，不其然乎？唐虞之際，於斯為盛。有婦人焉，九人而已。三分天下有其二，以服事殷。周之德，其可謂至德也已矣。」

注　釋

①選自《四書章句集注》（中華書局 1983 年版）。標題為編者所加。巍巍，形容高大、崇高。
②則：取法，取則。
③蕩蕩：形容廣大深遠。

④焕：鮮明，光亮。
⑤文章：這裡指禮樂法度。
⑥亂臣：善於治國的能臣。亂，治。

（一）

孔子說：「堯作為天下的君主真是偉大啊！真是崇高啊！只有天最高大，只有堯能效法於天。他的德行是那麼廣大深遠，百姓都無法用語言來形容。他所完成的功業是如此顯赫，他所建立的禮樂法度又是如此燦爛輝煌。」

（二）

舜有五位賢能的大臣輔佐，天下得到了治理。周武王說：「我有十位賢能的治國能臣。」孔子說：「人才難得，難道不是這樣嗎？但在唐堯虞舜的時候，人才是相當多的。周武王的十位能臣中，除去一位婦人，也不過九人罷了。周文王已經擁有了三分之二的天下，卻仍然率領百姓服從殷商的統治。所以周朝的道德，可以說是最高的美德了。」

成康之治

　　「成康之治」指西周初期周成王到周康王統治時期的太平盛世。據史料記載，周武王在滅掉商朝之後不久就去世了，而即位的周成王還年幼，所以由武王的弟弟周公旦來輔佐成王。當時天下形勢岌岌可危，周朝王室出身的管叔、蔡叔等人與前朝殷商的殘餘勢力聯合起來發動叛亂。周公統率王師平定了這些叛亂，又營建了雒邑。在典章政教方面，以周公為代表的周王室制定了相應的禮樂制度來鞏固周朝的統治。成王成年以後，周公還政於成王。親政的成王以及後來的康王繼承了文王、武王和周公的統治思想，上下政治清明。在這段時期，國家井然有序，國力日漸強盛，經濟和文化日漸繁榮，社會非常安定。史家稱讚說：「成康之際，天下安寧，刑錯四十餘年不用。」

⑩尊道明德①

《大戴禮記·主言》

　　道者所以明德也，德者所以尊道也，是故非德不尊，非道不明。雖有國焉，不教不服，不可以取千里。雖有博地眾民，不以其地②治之，不可以霸主。是故昔者明主內修七教③，外行三至④。七教修焉可以守，三至行焉可以征。七教不修，雖守不固；三至不行，雖征不服。是故明主之守也，必折衝⑤乎千里之外；其征也，衽席⑥之上還師⑦。是故內修七教而上不勞，外行三至而財不費，此之謂明主之道也。

①選自《大戴禮記解詁》（中華書局1983年版）。標題為編者所加。

②地：即「道」。

③七教：指敬老、順齒、樂施、親賢、好德、惡貪、強果七種教化。

④三至：三條原則，指「至禮不讓而天下治，至賞不費而天下之士說，至樂無聲而天下之民和」。

⑤折衝：使敵人的戰車後撤，即克敵制勝。

⑥衽（ㄖㄣˋ）席：原指臥席，此處借指安穩平和的狀態。

⑦還師：回師，指軍隊凱旋。

　　道是用來彰明德的，德是用來尊顯道的，所以沒有德，道就不能尊顯，沒有道，德就不能彰明。即使擁有國家，如果君主不進行教化，臣民不安心服事，也是不可能成就一個千里之國的。即使有廣博的土地、眾多的人民，如果不用道來加以治理，也不可能成為霸主。所以過去賢明的君主對內實行敬老、順齒、樂施、親賢、好德、惡貪、強果七種教化，對外推行至禮、至賞、至樂這三條原則。如果這七種教化得到落實，就能夠守衛國家；如果這三條原則得到推行，就能夠征討外敵。如果不能夠落實這七種教化，即使能夠守衛國家，也不堅固；如果不能實行這三條原則，即使征討四方，被征討的國家也不會服從。所以說，賢明的君主對國家的守衛，必然能在千里之外克敵制勝；他征討別國，也能安穩平和地取得勝利，班師而回。因此，對內實行這七種教化，統治者就不會過於勞累；對外推行這三條原則，國家的財物就不會耗費過多。這就是賢明君主治理國家的辦法。

王道與霸道

王道與霸道是古代思想家對兩種政治形態的劃分。王道即王者之道，指王者施仁義、行王道於天下，通過具體的仁政、德行來造福、感化乃至潤澤天下之民。概括來說，就是以仁義為本的政治形態。傳說中的堯舜時代，即為王道的典型代表。霸道即霸者之道，指霸者假借仁義之名，以武力來迫使他人屈服的政治之道。霸者也會採取各種各樣的措施來使國家強大，但其所作所為並不真正以仁義為本，不能真正做到以德服人、化人。春秋時期的五霸可以作為霸道的典型代表。王霸之辯在中國古代政治思想中佔有重要地位，先秦和宋明儒家都強調王道的終極性，並始終以王道政治作為標準來批判、指引現實的治國方略。而事實上，歷朝歷代的政治形態大多是「霸王道雜之」。

行知園

口能誦

背誦本單元的課文並完成下面的填空。

（1）大學之道，＿＿＿＿＿＿，＿＿＿＿＿＿，＿＿＿＿＿。

（2）為人君，止於仁；為人臣，止於敬；＿＿＿＿＿＿，

＿＿＿＿＿＿；為人父，止於慈；＿＿＿＿＿，

＿＿＿＿＿。

（3）帝嚳溉執中而遍天下，＿＿＿＿＿，＿＿＿＿＿，

莫不從服。

學而思

「明德至善」的思想對中國古代和現代社會均產生了重要的影響，現在中國著名學府的校訓中還能體現這個傳統觀念。你能找出下列大學的校徽嗎？請從校徽中辨認出各校的校訓，選出能體現「明德至善」觀點的大學校訓，並說說你的理由。

復旦大學　　　　校訓：＿＿＿＿＿＿＿＿＿＿＿＿

北京清華大學　　校訓：＿＿＿＿＿＿＿＿＿＿＿＿

臺灣大學　　　　校訓：＿＿＿＿＿＿＿＿＿＿＿＿

成都理工大學　　校訓：＿＿＿＿＿＿＿＿＿＿＿＿

A 　　B 　　C 　　D

行且勉

　　精神意志有著改變世界的力量。志向明確、堅定，就有奮鬥的動力。有人為求取功名而讀書，有人為獲得精神的自由而讀書，有人為實現國家的富強而讀書。你讀書是為了什麼？請寫下來，並與同學交流。

第三單元

知行合一

　　理論與實踐相統一，就是知行合一。知是指科學知識或道德觀念，行是指人的實踐，知行問題探討的是理論與實踐的關係。王陽明提出知行合一，一方面強調道德的自覺性，要求人在內在修養上下真功夫、苦功夫；另一方面重視道德思想的實踐價值，要求言行一致、表裡如一，「致吾心之良知於事事物物」，力學力行。

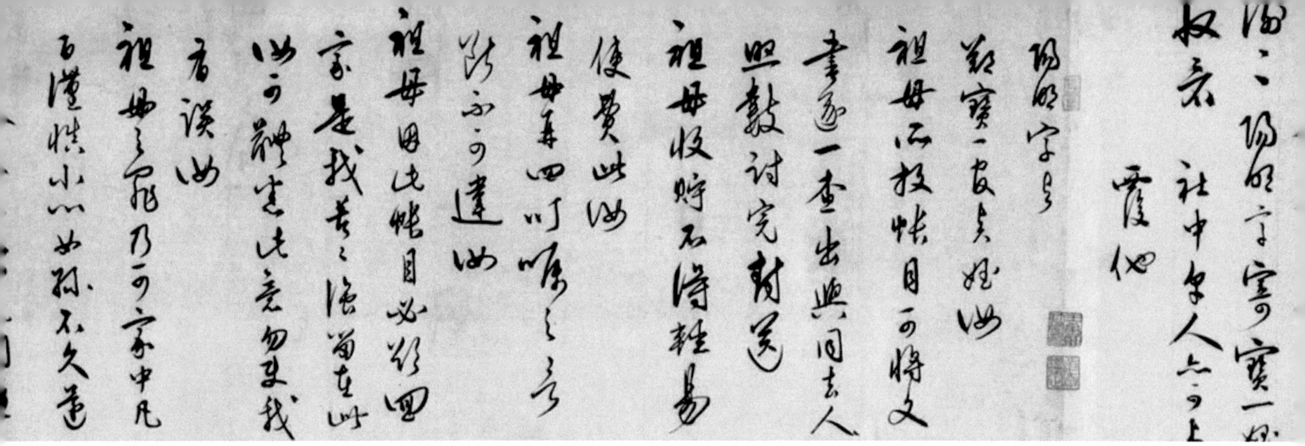

▲〈與鄭邦瑞尺牘〉（局部）〔明〕王陽明

⑪知行合一①

〔明〕王陽明

（一）

知是行的主意②，行是知的功夫；知是行之始，行是知之成。

（二）

知之真切篤實處，即是行；行之明覺精察處，即是知，知行工夫③本不可離。只為後世學者分作兩截④用功，失卻知行本體⑤，故有合一並進之說。

注 釋

①選自《王陽明全集》（上海古籍出版社 1992 年版）。標
　題為編者所加。
②主意：這裡意為指導思想。
③工夫：即「功夫」。
④兩截：兩片，兩塊。
⑤本體：事物的本身。

文 意

（一）

　　知是行的指導思想，行是對知的具體實踐；知是行的
發端，行是知的完成。

（二）

　　知的真切篤實處就是行，行的明覺精察處就是知。知
和行的功夫，本來就不可分離。只是因為後世的學者將知
和行分成兩部分去用功，失去了知行的本來面目，所以我
才提出知行合一、知行並進的說法。

王陽明「知行合一」說緣起

　　王陽明之所以提出「知行合一」的觀點，與朱熹的理論相關。朱熹是儒學的集大成者，他的學說在後世讀書人中影響極大。對於「知」和「行」，朱熹是當成兩種活動來認識的，認為「論先後，知為先；論輕重，行為重」。「知」與「行」就像是人的兩條腿，有先有後，交互配合，不可偏廢。這個觀點雖然是合理的，但卻在流傳過程中起了變化，讀書人都去做「知」的功夫了，而忘記將知識付諸行動。到了王陽明的時代，知行偏廢的現象十分嚴重，為了矯正人們的觀念，使人們回到實踐上來，王陽明才針鋒相對地提出「知行合一」說，指出「知」與「行」原無先後之分，「知行工夫本不可離」。

⑫及之而後知①

〔清〕魏源

及之而後知，履②之而後艱，烏③有不行而能知者乎？……披④五嶽之圖，以為知山，不如樵夫之一足；談滄溟⑤之廣，以為知海，不如估客⑥之一瞥；疏⑦八珍⑧之譜，以為知味，不如庖丁⑨之一啜。

▲〈秋林獨步圖〉〔明〕唐寅

注 釋

①選自《魏源集》（中華書局 1976 年版）。標題為編者所加。
　及，到。這裡指接觸。
②履：鞋子。當動詞用，有走過、踩踏之意，引申為踐行。
③烏：哪裡。
④披：翻閱。
⑤滄溟：滄海。
⑥估客：商人。這裡指海上的商人。
⑦疏：注解。
⑧八珍：指各種美食。
⑨庖丁：指代廚師。

文 意

　　凡事都要接觸之後才能有所了解，只有身體力行之後才知道艱辛，哪有不通過實踐就能明白事理的人呢？……翻閱描繪五嶽的圖畫，以為這就了解山了，實際上還不如樵夫的一次進山呢；談論滄海的廣闊無邊，以為這就了解海了，實際上還不如海上商人的放眼一瞥呢；注解各種奇珍異味的菜譜，以為這就了解美味了，實際上還不如廚師的一次品嘗呢。

經世致用的魏源

　　魏源是近代中國第一批「睜眼看世界」的知識份子的代表。他所處的時代，是清朝由盛轉衰的時代。社會的劇烈變化，喚起了他對國家和民族的憂患意識，促使他直面社會問題，輯編了《皇朝經世文編》《海國圖志》等經世名著。

　　魏源有著強烈的經世致用思想，他認為，讀書人在學習儒家經典時，應該重點學習關於治國方略的篇章，並與時政聯繫起來，服務於現實社會。他研究歷史，主要是為了以史為鑑，發現改革時弊、抵禦外侮的良方。他將這種思想外化於行動，在與國計民生關聯極大的鹽政、漕運、水利等領域，提出了許多行之有效的改革方案，並以開放的心態，宣導學習西方的先進科學技術，用於富國強兵。

　　魏源的這種務實的思想具有鮮明的時代特色，適應了當時社會發展的需要，對近代中國產生了重要影響。

▲〈野亭靄瑞圖〉（局部）〔明〕唐寅

⓭銘座①

〔宋〕陸游

身退仍懷② 退，心平更欲平。
直嫌③ 繩④ 尚曲，重覺鼎猶輕。
力學能除翳⑤ ，深居可息黥⑥ 。
聖門⑦ 初豈遠，妙處在躬行⑧ 。

①選自《陸游集》（中華書局 1976 年版）。
②懷：想著。
③嫌：不滿意。
④繩：木工用於取直的墨線。
⑤翳（ㄧˋ）：障蔽，遮蔽。
⑥息黥（ㄑㄧㄥˊ）：指免除罪過。息，停止。黥，古代
　的一種刑罰，用刀刺刻犯人面額，再塗墨。
⑦聖門：通往聖學的門徑。
⑧躬行：親身實行。

　　隱退之後仍然想要進一步隱退，內心平和之後還想要
更加平和。正直的人看到準繩還覺得它彎曲，穩重的人看
到大鼎還覺得它輕了。努力學習可以去除障蔽，深居簡出
可以避免罪過。通往聖學的大門原本並不遠，最巧妙的辦
法是親身去實踐。

陸游父子共讀書

　　陸游是南宋著名的詩人，一生筆耕不輟，存詩九千多首。他出身於書香門第，在「貧居苦學」家風的影響下，幼年便開始了讀書生涯。陸游晚年所寫的〈讀書〉一詩，曾提到父母對其讀書的態度：「先親愛我讀書聲，追慕慈顏涕每傾。」而他自己也以與兒子一起讀書為樂，如：「自憐未廢詩書業，父子蓬窗共一燈」（〈白髮〉），「莫道歸來卻岑寂，小兒同守短檠燈」（〈出遊暮歸戲作〉），「父子更兼師友分，夜深常共短檠燈」（〈示子聿〉），「更喜論文有兒子，夜窗相對短檠燈」（〈書室〉）等。陸游詩中反覆出現的父子燈下共讀的場景，仿佛當初「先親愛我讀書聲」情景的再現，十分動人。對於讀書，陸游不僅有持久的熱情，而且還灌注了濃濃的親情。

▲〈秋山遊覽圖〉（局部）〔明〕文伯仁

⑭君子貴行①

《荀子‧儒效篇》

不聞不若②聞之，聞之不若見之，見之不若知之，知之不若行之，學至於行之而止矣。行之，明也。明之為聖人③。聖人也者，本仁義，當④是非，齊言行，不失豪釐⑤，無它道焉，已乎⑥行之矣。

注　釋

①選自《荀子集解》（中華書局 1988 年版）。標題為編者
　所加。
②不若：比不上。
③聖人：道德智能極高的人。
④當（ㄉㄤˋ）：合適，得當。這裡是明辨的意思。
⑤豪釐：形容數量極少。豪，通「毫」。
⑥已乎：停止於。

文　意

　　沒有聽到不如聽到，聽到不如看到，看到不如了解，
了解不如實踐，學習到了實踐才算完成。將道理付諸實踐，
就會明達事理。明達事理的人就是聖人。所謂聖人，就是
以仁義為根本，能夠明辨是非，言行一致，並能做到毫釐
不差的人。達到聖賢的境界沒有什麼別的方法，將所知所
學付諸實踐就可以了。

荀子及其學說

　　荀子，名況，又稱荀卿或孫卿，戰國後期的思想家。與孟子一樣，荀子也曾遊歷諸國，試圖推廣自己的學說，實現政治抱負。齊襄王的時候，荀子曾在齊國的稷下講學，三次成為「祭酒」（即學宮之長），是大家共同推重的宗師；在楚國，他得到過春申君的重視並做過蘭陵令，後來因春申君之死而被罷免，在蘭陵隱居著書終老。荀子對於《詩》《禮》《春秋》有精深的研究，對秦漢的學者有很大的影響。就先秦儒家而言，他是繼孔子之後與孟子齊名的大儒。與孟子倡言性善、法先王、尊王道、辨義利的思想相對，荀子倡言性惡、兼法後王、王道與霸道並重、義利兼顧。

▲〈聖跡之圖 · 問禮老聃〉〔明〕佚名

⓯學行並重①

《禮記 · 學記》

　　雖有嘉肴，弗食不知其旨② 也。雖有至道③，弗學不知其善也。是故學然後知不足，教然後知困。知不足，然後能自反④ 也。知困，然後能自強也。

①選自《禮記集解》（中華書局 1989 年版）。標題為編者
　　所加。
②旨：味美。
③至道：至善至美的道理。
④自反：反省自己。

文 意

　　儘管有美味可口的菜肴，如果不去品嘗，就不知道它
們味美。儘管有高深完善的道理，如果不去學習，就不知
道它們美好。所以說，通過學習才知道自己的不足之處，
通過指導別人才知道自己的困難所在。知道自己的不足之
後，就可以自我反省；知道自己的困難之後，就會努力提
升自己。

「君子」的含義

在先秦時期，君子有本義和引申義之別。先說它的本義：「君」在古代指國家的最高統治者，亦即國君或君主，所以「君子」原本是「國君之子」的意思。再說它的引申義：在孔子等人的言辭中，君子的含義逐漸變化，成為對有德之人的稱呼。綜合這兩點，君子是指有德有地位的人。這兩者是可以統合起來的，因為根據古代宗法制度的要求，國君之子從小就要接受良好的德行教育，所以自然就成為國人在修養上的楷模；而另一方面，有德、有修養的人也更容易獲得治理國家的地位。後來，孔子等人的言辭中所稱的君子成為主導，君子主要指有德行、有修養的人，他們是知行合一者。

行知園

口能誦

我會背誦本單元所有課文並能完成下面的填空。

（1）知是行的主意，＿＿＿＿＿＿＿＿；知是行之始，

＿＿＿＿＿＿。

（2）不聞不若聞之，＿＿＿＿＿＿，見之不若知之，

＿＿＿＿＿＿，學至於行之而止矣。

學而思

1. 中國古代哲學家認為，不僅要掌握知識，而且應當付諸實踐，只有把「知」和「行」統一起來，才能稱得上「善」。生活中我們常說的「讀萬卷書，行萬里路」就是「知行合一」的例子。下列不屬於「知行合一」的一項是（　　　　）。

A · 知錯就改　　　　　B · 見賢思齊

C · 紙上談兵　　　　　D · 臨淵羨魚，不如退而結網

2. 王陽明曾說：「心即理也。……以此純乎天理之心，發之事父便是孝，發之事君便是忠，發之交友治民便是信與仁。」從這句話來看，王陽明的「心即理」是指（　　　　）。

A · 內心的想法就是客觀現實　　　　B · 內心和外在相統一的境界

C · 客觀現實受主觀的制約

D · 自己的道德認識和道德實踐相統一

行且勉

　　文明，不去實踐就不可能抵達；誠信，不去堅守就難以成為風尚。請談一談你對文明和誠信的理解，並說說我們在生活中應該如何實踐。

第四單元

持法有度

　　法律對於國家的運作至關重要。在古代中國，法是和術、令、刑等結合在一起的，和現代意義上的法律體系不完全一樣。古代的法令、刑法系統自有其內在的邏輯，它們是從古代文化的內核裡生長出來的，與當時的政治、倫理思想相配合，構成一個整體。法治的精神需要有人去擔當、去落實，才能融入現實生活，並發揮積極作用。

⑯法與規矩①

《管子・法法》

　　規矩者，方圓②之正也。雖有巧目利手，不如拙規矩之正方圓也。故巧者能生規矩，不能廢規矩而正方圓；雖聖人能生法，不能廢法而治國。故雖有明智高行③，倍法④而治，是廢規矩而正方圓。

▲〈伏羲女媧規矩圖〉（局部）唐朝絹面

①選自《管子校注》（中華書局 2004 年版）。標題為編者
　所加。規矩，畫圓、畫方的工具。
②圜：同「圓」。
③明智高行：英明的才智、高潔的品行。
④倍法：違背法律、法則。倍，通「背」。

 文 意

　　規和矩這兩種工具，是用來校正方圓的。人雖然有敏
銳的眼睛和靈活的雙手，但在校正方圓上，還不如粗笨的
規矩呢。所以說，巧人可以製造規矩，但不能廢除規矩來
校正方圓；聖人能夠制定法度，但不能廢除法度而治理國
家。所以說，即使有英明的才智、高尚的品行，如果違背
法度來治理國家，那就跟廢除規矩來校正方圓一樣。

法家源流

　　法家是戰國時期諸子百家中的一個流派，它以現實的國家治理為核心，提出了富國強兵、以法治國等主張。法家認為歷史是不斷發展進步的，必須用改革來適應不斷變化的時代要求，強調用整齊劃一的法治來代替人治。《漢書・藝文志》將其列為「九流」之一。法家思想可以上溯到春秋時期的管仲、子產；戰國時期的李悝、吳起、商鞅、慎到、申不害等人對其予以大力發展，形成蔚為壯觀的法家潮流；戰國末期的韓非子是法家的集大成者，他綜括了此前的法家思想，提出法令必須輔以強大的威勢和靈活多變的權術，才能順利推行。法家對秦朝的建立以及此後兩千多年的帝制中國產生了極為深遠的影響，以至於很多人將歷朝歷代的帝王統治稱為「儒表法裡」或「霸王道雜之」的統治。

⑰使民知法①

《商君書·定分》

　　故聖人為法，必使之明白易知。名②正，愚知遍能知之。為置法官，置主法③之吏，以為天下師，令萬民無陷於險危。故聖人立天下而無刑死者，非不刑殺也，行法令明白易知，為置法官吏④為之師，以道⑤之知。萬民皆知所避就，避禍就福，而皆以自治也。故明主因⑥治而終治之，故天下大治也。

〈清閟閣墨竹圖〉　〔元〕柯九思

①選自《商君書注譯》（中華書局1974年版）。標題為編
　者所加。
②名：概念。
③主法：主管法令。
④法官吏：即前文所說的「法官」和「主法之吏」。
⑤道：通「導」，引導。
⑥因：依靠，憑藉。

文 意 ....

　　所以聖人制定法律時，一定會讓法律條目明白易懂。
概念表述準確了，不管是愚人還是智者都能懂得。為百姓
設置法官，設置主管法律的官吏，讓他們做天下人的老師，
使百姓不致陷入危險的境地。所以聖人掌握政權而沒有受
刑被殺的人，並不是因為他們不用刑、不殺人，而是因為
他們推行的法律明白易懂，而且又設置了法官、法吏做百
姓的老師，教導百姓懂得法律。這樣一來，百姓就都知道
不該做什麼，應該做什麼，知道避開兇險，趨向幸福，而
且都能自治了。所以英明的君主在百姓自治的基礎上來完
成國家的治理，國家由此也就太平安定了。

商鞅變法

　　戰國時期，天下風起雲湧，各國相繼實行變法，舊的制度不斷瓦解、崩潰。最初，在變法革新方面，一些諸侯國遠遠走在秦國的前面。秦孝公即位以後，決心變法圖強，便下令向天下招攬賢能之士。商鞅由此從魏國進入秦國，向秦孝公提出了廢井田、重農桑、獎軍功、統一度量衡等一整套變法求新的政策，深得秦孝公的賞識與信任。秦孝公任命商鞅為左庶長，讓他總理變法事務。在商鞅的主持下，秦國先後兩次推行以廢井田、開阡陌、實行郡縣制、獎勵耕織和軍功、實行連坐之法為主要內容的變法。經過商鞅變法之後，秦國的經濟實力大大增強，軍隊的戰鬥力也得到提升，為後來統一六國打下了堅實的基礎。

⓲法令必行①

《六韜》

文王②問太公③曰：「願聞治國之所貴④。」
太公曰：「貴法令必行。法令必行，則治道⑤通；
治道通，則民大利；民大利，則君德彰。」文王
曰：「法令必行，大利人民，奈何？」太公曰：
「法令必行則民俗⑥利，民俗利則利天下。是法
令必行，大利人也。」

▲姜太公像

①選自《太平御覽》（河北教育出版社 1994 年版）。標題
　為編者所加。

②文王：周文王。

③太公：姜太公，曾輔佐周文王。

④貴：重要，重視。

⑤治道：治國的方針、政策。

⑥民俗：民眾的習慣。

文 意

　　周文王問姜太公說：「我希望得到您的指教：治理國
家應該把什麼作為最重要的事呢？」姜太公說：「要把法
令必行作為最重要的事。如果法令能夠得到切實的執行，
那麼治國方針的推行就會暢通無阻；治國方針的推行暢通
無阻，就對人民非常有利；對人民非常有利，那麼君王的
德行就彰顯出來了。」文王又問道：「法令得到切實的執
行就會對人民非常有利，這又是為什麼呢？」太公解釋說：
「法令的切實執行有利於人民良好習慣的養成，而有利於
人民良好習慣的養成就是有利於天下。所以說法令的切實
執行是對人民非常有利的事情。」

《太平御覽》與古代類書

　　《太平御覽》是宋代的一部類書。所謂類書，就是採擇群書，輯錄各門類或某一門類的資料加以編排，以便尋檢、徵引的一種工具書。按編排方式的不同，類書有義系、形系、音系之分。其中，義系類書按材料的義類分部編排，如天文、地理、人事類，每系中又分若干小類，如天文分日、月、星、時等，時又分春、夏、秋、冬等。《太平御覽》就屬於此類，它由李昉、李穆、徐鉉等學者奉宋太宗之命編纂。該書採擇群書分門別類地對選材加以彙集，共成五十五部，編為一千卷，最初命名為《太平總類》。書成之後，宋太宗曾閱覽全書，所以更名為《太平御覽》。

⑲李離殉法①

〔漢〕司馬遷

李離者，晉文公之理② 也。過聽③ 殺人，自拘當死④ 。文公曰：「官有貴賤，罰有輕重。下吏⑤ 有過，非子之罪也。」李離曰：「臣居官為長，不與吏讓位；受祿為多，不與下分利。今過聽殺人，傅⑥ 其罪下吏，非所聞也。」辭不受令。文公曰：「子則自以為有罪，寡人亦有罪邪？」李離曰：「理有法，失刑⑦ 則刑，失死則死。公以臣能聽微決疑⑧ ，故使為理。今過聽殺人，罪當死。」遂不受令，伏劍⑨ 而死。

 注 釋

①選自《史記》（中華書局1959年版）。標題為編者所加。
②理：法官。
③過聽：錯誤地聽取意見。
④自拘當死：自己關押自己，定為死罪。拘，逮捕或扣押。當，處以相應的刑罰，判罪。
⑤下吏：在下位的屬吏。
⑥傅：附會，強加。

⑦失刑：刑罰失當。失，錯誤。

⑧聽微決疑：在聽察辯訟時注意細節，解決疑難問題。

⑨伏劍：以劍自刎。

李離是晉文公時的法官。有一次，他錯誤地聽取了屬下的意見而判人死罪，便將自己關押起來定為死罪。晉文公說：「官位有貴有賤，處罰也有輕有重。這是你屬下的過錯，並不是你的罪過。」李離回答道：「我官居上位，沒有將我的位置讓給屬下；我接受的俸祿更多，也沒有將俸祿分給我的屬下。現在我因為錯聽屬下的意見而誤判別人死罪，卻要將所犯的罪過強加到屬下身上，這種道理我從沒聽說過。」李離以此推辭，不接受晉文公的命令。晉文公說：「你認為自己有罪，那麼按照這個邏輯，我是不是也有罪呢？」李離回答說：「對於法官，有明確的法律規定：刑罰失當則法官要受刑，錯判死罪則法官要抵死罪。您認為我在聽察辯訟時能夠注意微小細節，解決疑難問題，所以任命我為法官。現在我因為錯誤地聽取了屬下的意見而誤判他人死罪，理應以死抵罪。」他最終還是不肯接受晉文公的命令，以劍自刎。

你知道嗎

古代第一個專職檢察官

中國上古時代就有掌獄訟之官，稱「理官」「司理」等，而監督獄訟的檢察制度據考始於宋朝的王曙。據《宋史・王曙傳》載，王曙有驚人的辨冤能力。他原在益州任知州，有士卒深夜報告「其軍將亂」，王曙「立辨其偽，斬之」。後來任潞州知州，「州有殺人者，獄已具」，眾皆不疑，「曙獨疑之」，重新審理後證明果然是冤案，王曙為此「作《辨獄記》，以戒官吏」。因此，朝廷召王曙為御史中丞兼理檢使，「理檢置使，自此始」。理檢使的職責是對獄訟行使檢察權，王曙成了中國歷史上第一個檢察官。以上可為一說，不過稽考中國檢察制度淵源，宋時「理檢置使」不過是使監督獄訟的職能明確化而已，此前這一功能是由御史部門承擔的。

⑳石奢不敢失法①

〔漢〕劉向

楚昭王有士曰石奢，其為人也，公正而好義，王使為理。於是廷有殺人者，石奢追之，則其父也，遂反乎廷，曰：「殺人者，僕之父也。以父成政②，不孝；不行君法，不忠。弛罪廢法③，而伏其辜④，僕之所守也。」遂伏斧鑕⑤，曰：「命在君。」君曰：「追而不及，庸⑥有罪乎？子其治事⑦矣。」石奢曰：「不私其父，非孝也；不行君法，非忠也；以死罪生，非廉也。君赦之，上之惠也；臣不敢失法，下之行也。」遂不離鑕，刎頸而死於廷中。

〈萬壑松風圖〉〔明〕文伯仁

①選自《新序校釋》（中華書局 2001 年版）。標題為編者
　所加。
②成政：成就政績名聲。
③弛罪廢法：縱容罪犯、廢棄法律。
④伏其辜：承擔所犯的罪過。
⑤斧鑕（ㄓˋ）：古代殺人的刑具。下文「鈇鑕」同。
⑥庸：怎麼。
⑦治事：處理事務，指做本職工作。

文 意

　　楚昭王時，有一個名叫石奢的士人，為人公明正直、
崇尚節義，楚昭王任命他為法官。當時朝堂上發生了殺人
的命案，石奢去追捕罪犯，發現罪犯竟是他的父親，於是
他回到朝堂報告說：「殺人的罪犯，正是在下的父親。利
用自己的父親來成就政績名聲，這是不孝之舉；不能夠執
行君主的法律，這是不忠之事。讓縱容罪犯、廢棄法律的
人承擔相應的罪過，這是我的職責。」於是他伏於刑具之
上，說：「現在我聽憑您的處置。」楚昭王說：「你去追
趕罪犯但沒有追上，這怎麼能說是你的罪過呢？你還是做
你的法官吧。」石奢回答道：「不偏護自己的父親，不算
是孝子；不執行君主的法律，不算是忠臣；苟且偷生，不
是廉正之人。君主您赦免我，這是主上您對我的寬容和恩
惠；我不敢違背法律，這是臣下我所應該做的。」石奢最
終還是不離開刑具，在朝堂上自殺了。

禮治與法治

在先秦諸子百家中，儒家和法家分別是禮治和法治的提倡者。儒家提倡以禮治天下，認為人類生活的方方面面都應該由禮來加以規範、調節，所謂的「禮儀三百，威儀三千」即指此。而且，對於不同的人群、不同的場合，儒家主張採用不同的禮制。法家則主張依法治理天下，認為人類的社會生活應該用法律來規範，並且不管尊卑上下，都以法為斷，追求法律面前人人平等。實際上，儒家的禮治並不排斥法治，法家的法治也並非全然排斥禮治，只是主導精神不同罷了。

行知園

口能誦

背誦本單元所有課文並能完成下面的填空。

（1）雖聖人能生法，＿＿＿＿＿＿。故雖有明智高行，
　　　倍法而治，＿＿＿＿＿＿。

（2）故明主因治而終治之，＿＿＿＿＿＿。

（3）法令必行則民俗利，＿＿＿＿＿＿。

學而思

1. 法律需要公正，但做到公正也不是件容易的事。如果你是法官，你會怎樣審理此案呢？

人有負鹽負薪者，同釋重擔息樹陰。二人將行，爭一羊皮，各言藉背之物。（釋：放下。藉：墊。）

2. 孔子在《論語·子路》中說：「其身正，不令而行；其身不正，雖令不從。」這是說：當管理者自身端正，做出表率時，不用下命令，被管理者也會跟著行動起來；相反，如果管理者自身不端正，而要求被管理者端正，那麼，縱然三令五申，被管理者也不會服從。你同意這個觀點嗎？請闡明理由。

行且勉

　　你們班要開一次普及法律知識的班會，請你完成以下工作。

（1）請為此次班會擬一個主題。

（2）請根據主題設計一份宣傳單。

（3）請你設計兩至三種便於在教室內開展的活動。

第五單元

興利除害

　　《管子·君臣下》說「為民興利除害」，意思是說要興辦對百姓有益的事業，除去各種弊端。墨子認為「仁人」處理事務，要以為天下興利除害為原則，主張去掉無用的開支。只有這樣，才能讓百姓幸福，讓國家富強。在中國歷史上，有不少這樣的例子：大禹治水，多次過家門而不入；李冰主持修建都江堰，惠澤一方；范仲淹置辦義田，救濟族人；蘇軾整治西湖，造福百姓。

〈周處斬蛟圖〉 馬駘

㉑興利除害①

《墨子·兼愛中》

　子墨子言曰：仁人之所以為事②者，必興天下之利，除去天下之害，以此為事者也。然則天下之利何也？天下之害何也？子墨子言曰：今若國之與國之相攻，家③之與家之相篡④，人之與人之相賊⑤，君臣不惠⑥忠，父子不慈孝，兄弟不和調⑦，則此天下之害也。

①選自《墨子校注》（中華書局 1993 年版）。標題為編者
　所加。
②為事：處理事務。
③家：這裡指大夫統治的區域。
④篡：篡奪，奪取。
⑤賊：害，傷害。
⑥惠：施恩惠。
⑦和調：和諧，和睦。

 文 意

　　墨子說：仁人處理事務的原則，一定是興辦對天下有
利的，除去對天下有害的，用這樣的原則來處理事務。那
麼天下的利是什麼，天下的害又是什麼呢？墨子說：現在
如果國與國之間相互攻伐，家與家之間相互掠奪，人與人
之間相互殘害，國君不施恩惠給大臣，大臣不忠於國君，
父親不慈愛兒子，兒子不孝敬父親，兄弟之間不和睦，那
麼這就是天下的大害。

志功合一

　　墨子主張志功合一，「志」是指行為的動機，「功」是指行為的效果。所謂志功合一，是指我們在評價人的行為的時候，要做到動機與效果兼顧。據《墨子·魯問》記載，魯君問墨子：「我有兩個兒子，一個好學，一個喜歡分財給人，誰可以當太子呢？」墨子答道：「還不能定哪一個當太子。他們可能是為了賞賜和名譽才這樣做的呢。釣魚的人躬著身子，並不是感謝魚的恩賜；用有毒的食物誘捕老鼠，並不是愛老鼠。我希望國君您把他們的動機與行為的效果合起來加以觀察。」

　　墨子強調對公眾有效用、有益處才是有價值的，具有功利主義的傾向。雖然並不是一切有公利、有公益的行為都是道德的（例如對小團體有利的行為），但墨子的出發點是全體人民的生存發展。因此，這種功利主義是值得稱道的。

㉒輕徭薄賦①

《孔子家語・賢君》

　　哀公②問政於孔子，孔子對曰：「政之急者，莫大乎使民富且壽也。」公曰：「為之奈何？」孔子曰：「省力役③，薄賦斂，則民富矣；敦④禮教，遠罪疾，則民壽矣。」公曰：「寡人欲行夫子之言，恐吾國貧矣。」孔子曰：「詩云：『愷悌⑤君子，民之父母。』未有子富而父母貧者也。」

▲〈柳蔭放牧圖〉〔宋〕佚名

注 釋

①選自《孔子家語》（中華書局 2009 年版）。標題為編者
　所加。
②哀公：春秋時期魯國的君主。
③省力役：減少勞役。省，減少。力役，勞役。
④敦：推崇。
⑤愷悌：和樂平易。

 文 意

　　魯哀公向孔子詢問治理國家的事，孔子回答說：「治
理國家最急迫的事情，沒有比讓民眾富足和長壽更重要的
了。」魯哀公說：「怎麼才能夠做到呢？」孔子說：「減
少勞役，減輕賦稅徵斂，民眾就會富裕；推崇禮儀教化，
遠離罪惡與疾病，民眾就會長壽。」魯哀公說：「我想按
照您說的去做，又擔心我的國家會貧窮。」孔子說：「《詩
經》上說：『和樂平易的君子，是民眾的父母。』沒有兒
女富裕父母卻貧窮的。」

先秦儒家的富民思想

　　中國的富民思想淵源極早，《尚書》中就有「裕民」「惠民」的說法，《周易》中有「損上益下，民說無疆」的說法，都把重視人民的利益視為統治者的德政。

　　孔子提出「足食」「富而後教」的觀點，把人民物質財富的充裕作為實施禮樂教化的前提。戰國時期，孟子與荀子對富民思想作了進一步闡發。孟子認為，發展生產、減輕賦稅，就能使「老者衣帛食肉，黎民不饑不寒」，達到家給人足，天下大治。荀子認為人民富裕有利於生產發展，「裕民則民富，民富則田肥以易」，生產越發展，國家就越富裕，從而達到「上下俱富」。

　　富強不只是國家的富強，而是人民和國家一起富強。儒家藏富於民的思想，對於今天社會主義核心價值觀所提倡的「富強」，仍然具有借鑑意義。

㉓治國之道，必先富民①

《管子·治國》

　　凡治國之道，必先富民，民富則易治也，民貧則難治也。奚以②知其然也？民富則安鄉重家③，安鄉重家則敬上畏罪④，敬上畏罪則易治也。民貧則危鄉輕家，危鄉輕家則敢陵上犯禁⑤，凌上犯禁則難治也。故治國常富，而亂國必貧。是以善為國者，必先富民，然後治之。

注　釋

①選自《管子校注》（中華書局 2004 年版）。標題為編者所加。
②奚以：何以。
③安鄉重家：安於鄉里、重視家園。安，安心。重，重視。下文「危鄉輕家」與此相對。

▲〈江村漁樂圖〉〔明〕沈周

④敬上畏罪：尊敬在上位者、害怕犯罪受罰。
⑤陵上犯禁：侵犯在上位者、觸犯禁令。陵，欺侮、侵犯，通「凌」。

 文 意

　　大凡治理國家的方法，一定是先使百姓富裕，百姓富裕就容易治理，百姓貧窮就難以治理。怎麼知道是這樣呢？百姓富裕就會安於鄉里、重視家園；安於鄉里、重視家園就會尊敬在上位者、害怕犯罪受罰；尊敬在上位者、害怕犯罪受罰就容易治理。百姓貧窮就會不安於鄉里、不重視家園；不安於鄉里、不重視家園就敢侵犯在上位者、觸犯禁令；侵犯在上位者、觸犯禁令就難以治理。所以，治理得好的國家常常是富裕的，治理得不好的國家必定是貧窮的。因此，善於治理國家的人，一定要先使百姓富裕起來，然後再加以治理。

管仲的愛民、利民思想

　　管仲，也稱管子、管夷吾，是春秋時期重要的政治家、軍事家、思想家。他充分意識到人民的地位和作用，提出了許多利於人民的主張。齊國稷下學者託名管仲所作的《管子》一書中，記載了管子的言論，其中〈小匡〉篇記載，齊桓公問管仲如何取得天下，管仲回答說：「始於愛民。」並進而闡發：「放舊罪，修舊宗，立無後，則民殖矣。省刑罰，薄賦斂，則民富矣。鄉建賢士，使教於國，則民有禮矣。出令不改，則民正矣。」建議齊桓公從「民殖」「民富」「民有禮」「民正」四個方面來踐行愛民。在他的輔佐下，齊桓公竭力為人民創造良好的生活、生產和教育環境，順應人民的需要，取得了巨大的成功。

　　管仲的愛民、利民思想，是中國傳統文化中的瑰寶。我們應該取其精華，結合時代精神加以發揚，做到古為今用。

❷❹大禹治水①

〔漢〕司馬遷

　　禹乃遂與益②、后稷③奉帝命④，命諸侯百姓⑤興人徒⑥以傅土⑦，行山表木⑧，定⑨高山大川。禹傷先人父鯀⑩功之不成受誅，乃勞身焦思，居外十三年，過家門不敢入。薄衣食，致孝於鬼神。卑宮室，致費於溝淢⑪。陸行乘車，水行乘船，泥行乘橇，山行乘檋⑫。左準繩，右規矩，載四時⑬，以開九州，通九道，陂⑭九澤，度九山。令益予眾庶稻，可種卑濕。命后稷予眾庶難得之食。食少，調有餘相給，以均諸侯。禹乃行相地宜所有以貢，及山川之便利。

①選自《史記》（中華書局1959年版）。標題為編者所加。
②益：即伯益。在舜時任虞官，掌管草木鳥獸。
③后稷：舜的稷官，主管農事。
④帝命：帝舜的命令。
⑤百姓：這裡指百官。
⑥人徒：庶民，又指服徭役的人。

⑦傅土：指付出工役。

⑧表木：立木做標記。

⑨定：測定。

⑩鯀（ㄍㄨㄣˇ）：禹的父親，奉堯帝之命治水，後因治
　水失敗，受刑而死。

⑪溝淢：古代用以排澇的溝道系統。淢，通「洫」。

⑫樏（ㄐㄩˊ）：古人登山用具。

⑬四時：可能是測四時、定方向的儀器。

⑭陂：堤。這裡用作動詞，意為築堤防。

　　禹就和伯益、后稷一起奉帝舜之命，命令諸侯百官徵
集民夫動土治水。他們翻山越嶺，立下木樁做標記，測定
高山大川。禹為父親鯀因治水無功而被殺感到難過，於是
勞頓奔走，苦心思慮，在外面十三年，從家門前路過都沒
敢進去。他節衣縮食，對於祭祀卻很重視。他的居室簡陋，
把資財用於興修水利。他在陸地上就乘車，在水上就乘船，
在泥沼中就乘木樏，在山路上就乘 。他左手拿著測定平直
的準繩，右手拿著測定方圓的規矩，還裝載著測四時、定
方向的儀器，開闢了九州土地，疏通了多條河道，為多個
大湖築好了堤防，測量了多座大山。他讓伯益給百姓分發
稻種，可以在低窪潮濕的土地上種植。他又讓后稷發給百
姓急需的糧食。糧少的地方，就從糧多的地方調配供給，
使各諸侯國供糧均衡。禹一邊行進，一邊考察各地適合向
天子貢奉的物產，並考察了山路和水路運輸是否便利。

禹

　　禹是中國古代傳說中與堯、舜齊名的賢聖帝王，他最卓著的功績，是歷來被傳頌的治理洪水及劃定九州。其父名鯀，乃顓頊之後，居於崇（今河南嵩縣北）。鯀受命治理洪水，採取的是障水法，在岸邊設置河堤阻擋洪水，以失敗告終。接著禹被任命為司空，繼續領導治水。禹採用疏導河川的方法治水，終獲成功。相傳禹在治水期間，翻山越嶺，蹚河過川，開山築堤，疏通水道，異常艱辛，曾多次過家門而不入。禹也因此對各地的地形、習俗、物產等瞭若指掌，並將天下劃分為九州。禹因治理洪水有功，受舜禪讓而繼承帝位，國號夏。

㉕蘇公堤①

《宋史‧蘇軾傳》

　　軾見茅山一河專受江潮，鹽橋一河專受湖水，遂浚②二河以通漕，復造堰閘以為湖水畜泄之限，江潮不復入市。以餘力復完六井，又取葑田③積湖中，南北徑三十裡，為長堤以通行者。吳人種菱，春輒芟除④，不遺⑤寸草。且募人種菱湖中，葑不復生。收其利以備修湖，取救荒余錢萬緡⑥、糧萬石⑦，及請得百僧度牒⑧以募役者。堤成，植芙蓉、楊柳其上，望之如畫圖，杭人名為蘇公堤。

▼〈蘇堤春曉〉傅抱石

①選自《宋史》（中華書局 1977 年版）。標題為編者所加。

②浚（ㄐㄩㄣˋ）：疏通。

③葑（ㄈㄥ）田：茭白根積聚處年久腐化而成的泥土，乾涸成田。葑，茭白根。

④芟（ㄕㄢ）除：除草。

⑤遺：遺留，剩下。

⑥緡：古代計量單位，用於成串的銅錢，一千文為一緡。

⑦石：古代容量單位，一百二十斤為一石。

⑧度牒：僧道出家，由官府發給憑證，稱之為「度牒」。宋代，度牒成為一種特殊商品，可由官府公開售賣。

　　蘇軾看到茅山河專門容納錢塘江的潮水，鹽橋河專門容納西湖的湖水，就疏通這兩條河來開通航運，又建造水閘，用來控制湖水的積蓄和排泄。這樣，錢塘江的潮水再未流入市區。他還用剩下的財力重整六井，又將葑田土堆積在湖中，在方圓三十里的西湖上修築了一道直通南北的長堤，以便人們通行。吳地人種菱角，到春天就為之除草，不留寸草。蘇軾又募人在湖中種菱角，使茭白根不再生長。種植菱角的收益準備用來修湖，又取來救荒剩餘的錢一萬緡、糧一萬石，以及從朝廷那裡求得的上百份度牒來招募工役。堤築成後，又在堤上種植芙蓉、楊柳，遠望長堤，景色如畫，杭州人稱之為「蘇公堤」。

蘇堤春曉

　　蘇堤亦稱「蘇公堤」，是北宋文學家蘇東坡在杭州任職時修築而成。它南起南屏山麓，北到棲霞嶺下，橫貫西湖南北，長近三千米。後人為了紀念蘇東坡治理西湖的功績，將它命名為「蘇堤」。長堤臥波，風景嫵媚，歷來為人稱頌。南宋時，「蘇堤春曉」被列入西湖十景，元代又稱之為「六橋煙柳」，被列入錢塘十景。蘇堤御碑亭內，立有「蘇堤春曉」碑刻。宋人周端臣〈六橋行〉一詞中有言：「蘇堤路，正密柳烘煙，嫩莎收雨。野芳競吐。山如畫、隱隱雲藏山塢。六橋徙倚。喧處處、行春簫鼓。鷗影外、一片湖光，夷猶彩舟來去。」描繪了蘇堤的秀美景色。

行知園

口能誦

背誦本單元所有課文並能完成下面的填空。

（1）仁人之所以為事者，＿＿＿＿＿＿＿＿，＿＿＿＿＿＿＿＿，
以此為事者也。

（2）省力役＿＿＿＿＿＿＿＿，則民富矣；＿＿＿＿＿＿＿＿，
遠罪疾，則民壽矣。

（3）是以善為國者，＿＿＿＿＿＿＿＿，然後治之。

學而思

　　本著興利除害的原則，墨子主張在經濟和社會生活中「節用」，
將滿足人民基本物質需求放在首位。想一想，古人還有哪些富民強
國的主張？這些主張對於今天的社會建設有什麼啟示？

行且勉

　　蘇軾主持修建蘇公堤，在為民興利除害的同時，也充分考慮了人與自然的和諧關係。蘇公堤既利於人民的生活，又與當地環境巧妙融合，成為一道獨特的風景。請討論蘇公堤的事例對於我們推進生態文明建設有什麼啟示。

第六單元

革故鼎新

　　中華民族是富有改革創新精神的偉大民族。中華先民在其「篳路藍縷，以啟山林」的生產生活實踐中，很早就注意到萬物的變化，並逐漸對事物的變與常、因與革有了深入的思考。儒家典籍《周易》、道家典籍《老子》等所闡揚的變易哲學，以及由變易哲學引申出來的剛健自強、剛柔相濟的社會、人生哲學，構成我們認識世界、改造世界的思維方式和精神動力，也是歷代改革家推動社會變革、宣導觀念轉變的依據和武器。

㉖革故鼎新①

（一）

《周易·雜卦》

革②，去故也；鼎③，取新也。

（二）

《周易·繫辭下》

易窮④則變，變則通，通則久。

（三）

《周易·革卦》

天地革而四時⑤成，湯武⑥革命，順乎天而應乎人。

◀〈晴雪長松圖〉〔明〕張瑞圖

①選自《周易正義》（北京大學出版社 1999 年版）。標題
　為編者所加。
②革：卦名。為澤中有火之象。水火相侵，必生變化，故
　有改變之意。
③鼎：卦名。為木上有火之象。鼎為烹飪之器，能調和出新，
　故有更新之意。
④窮：達到極點。
⑤四時：春、夏、秋、冬四季。
⑥湯武：商湯與周武王。商湯為商族首領，推翻夏朝，建
　立商朝；周武王為商末周族領袖姬昌之子，推翻商朝，
　建立西周。

文　意

（一）

　　革，去除舊的；鼎，取來新的。

（二）

　　易的道理，是達到極點時就作出改變，改變就能暢通，
暢通就能長久。

（三）

　　天地變化則形成四季，商湯和周武王的改朝換代，是
順應天理和人心的。

《周易》釋名

　　「易」是上古卜筮書的泛稱。相傳夏朝有《連山易》，商朝有《歸藏易》，周朝有《周易》。因《連山易》《歸藏易》亡佚，傳世者僅有《周易》，故通常所說的「易」專指《周易》。

　　《周易》之「周」，歷來有兩種解釋：東漢經學家鄭玄認為，「《周易》者，言易道周普，無所不備」，即「周」字為普遍之意，說的是易道廣大，無所不包。唐代經學家孔穎達則認為《周易》是「因代以題周」，即書名中的「周」字指周代。

　　《周易》之「易」，依據《易緯·乾鑿度》的說法，是「一名而含三義，所謂易也，變易也，不易也。」「易」即簡易，是說天地自然的法則，本就是簡樸而平易的；「變易」即天地自然的萬事萬物，隨時在交互變化之中，永無休止；「不易」即錯綜複雜的變化之中，變化的只是表像，而支配變化的規律是不變的。「易」的三層含義中，「變易」是主要的，《周易》中的「易」主要講「變易」。

㉗因循革化①

〔漢〕揚雄

　　夫道②有因有循，有革有化。因而循之，與道神之。革而化之，與時宜之。故因而能革，天道③乃得。革而能因，天道乃馴④。夫物不因不生，不革不成。故知因而不知革，物失其則⑤。知革而不知因，物失其均⑥。革之匪時，物失其基。因之匪理，物喪其紀⑦。因革乎因革，國家之矩範⑧也。矩範之動，成敗之效也。

①選自《太玄集注》（中華書局 1998 年版）。標題為編

〈四家靈氣圖〉〔清〕王鑑

者所加。因循革化：承襲舊法為因，遵從成法為　循，
去除積弊為革，改變舊習為化。

②道：法則，規律。

③天道：自然的法則。

④馴：順從。

⑤則：準則。

⑥均：平均，均勻，引申為協調。

⑦紀：法度，準則。

⑧矩範：法式，典範。

　　事物運行的規律，是既承襲舊法、遵從成法，也去除
積弊、改變舊習。承襲舊法、遵從成法，便能與運行規律
一樣臻於神妙；去除積弊、改變舊習，便能與時代相適應。
所以在承襲舊法的同時能去除積弊，才能符合自然的法則；
在去除積弊的同時能承襲舊法，才能與自然法則相順應。
事物不承襲已有的東西，就無從產生，不去除積弊，就不
能達到完備。所以只知承襲舊法而不知去除積弊，就不符
合事物發展的準則；只知去除積弊而不知承襲舊法，就會
打破事物發展的平衡。去除積弊如不是時候，就會使事物
的發展失去基礎；承襲舊法如不合常理，就會使事物的發
展喪失秩序。不斷地承襲舊法、去除積弊，是治理國家必
須遵循的法則。這個法則的運用，關乎國家治理的成敗。

揚雄的「因」與「革」

　　揚雄是西漢重要的文學家、思想家，也是一位畢生從事著述的學者。他的作品，流傳於世的很多，但在形式上和風格上，卻帶有明顯的模仿痕跡。班固在《漢書·揚雄傳》中曾提及，揚雄的《太玄》是模仿《周易》而作，《法言》是模仿《論語》而作，〈反離騷〉是模仿〈離騷〉詩句反其意而作，〈長楊賦〉〈羽獵賦〉等是模仿司馬相如的大賦而作。揚雄所模仿的物件，都是各領域中最出色的作品，他的思想觀念中，最重要的內容也來自於前人已有的思想資源。

　　然而如此大量的有意模仿，並不能說明揚雄就是一個純粹的復古者。作為一位以儒學為宗的學者，揚雄衝破了儒家「述而不作」的傳統，超越了西漢的章句之學，直接模仿經典自創新作，這種行為，本身便有破天荒的革新意味。《法言》和《太玄經》中關於「因」與「革」的論述，也說明揚雄對於因循革化有清醒的認識。在前人的基礎上有自己的思考，也許就是揚雄的模仿之作能得世人認可的原因。

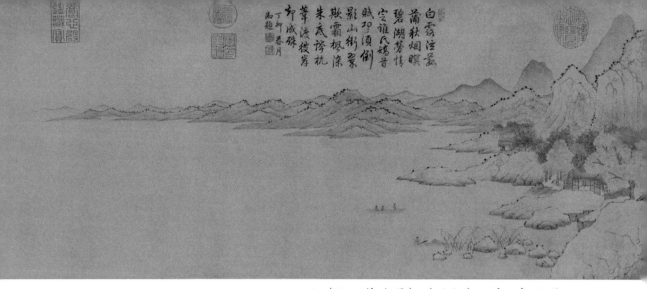

▲〈秋江待渡圖〉（局部） 〔元〕錢選

㉘守法而弗變則悖①

《呂氏春秋·察今》

　　荊人欲襲宋，使人先表② 澭水。澭水暴益③ ，荊人弗知，循表而夜涉，溺死者千有餘人，軍驚而④ 壞都舍⑤ 。向⑥ 其先表之時可導⑦ 也，今水已變而益多矣，荊人尚猶循表而導之，此其所以敗也。今世之主，法⑧ 先王之法也，有似於此。其時已與先王之法虧⑨ 矣，而曰「此先王之法也」而法之，以此為治，豈不悲哉！故治國無法則亂，守法而弗變則悖，悖亂不可以持國⑩ 。

注 釋 ....

①選自《呂氏春秋集釋》（中華書局 2009 年版）。

②表：做標記。

③暴益：突然上漲。

④而：通「如」，像。

⑤都舍：都市裡的房子。

⑥向：從前。

⑦導：引導。

⑧法：效法。

⑨虧：通「詭」，差異，差別。

⑩持國：持守國家。

楚國人想攻打宋國，派人先在澭水中做渡河的標記。澭水突然上漲，楚國人不知道，按照所做的標記在夜晚渡河，淹死的有一千多人，軍隊驚亂時的混亂景象就像都市裡的房子倒塌一樣。之前他們事先做渡河標記的時候，是可以在渡河標記的引導下渡河的，現在河水已發生變化，上漲了，楚國人還按照原來的標記渡河，這就是他們失敗的原因。現在的君主效法先王的法度，與這種情況相似。他們所處的時代，與先王的法度實行的時代已經不同了，還說「這是先王的法度」而去效法，用這種方式來治理國家，難道不是很可悲嗎？所以說，治理國家沒有法度就會混亂無序，死守法度而不加改變就會違背現實，混亂無序和違背現實就不能持守國家。

「師古」與「師今」

　　戰國時期，諸強混戰，百家爭鳴。各學派圍繞是否變革以及如何變革的問題，產生了「師古」與「師今」兩種截然不同的觀點。

　　持「師古」意見者，以儒家「法先王」的主張聲勢最盛。孔子「祖述堯舜，憲章文武」；孟子「言必稱堯舜」；荀子雖自稱「法後王」，但他所說的「後王」只是比上古帝王時代晚一些的「先王」，本質上仍是主張效法前代。儒家學者的「師古」，意在通過塑造道德至聖的聖王形象，宣揚至大至美的先王之道，向世人提供一個王道政治的典範。據此，人們可以敏銳地覺察到當世君王和現實社會的不足，加以批判和改造。

　　持「師今」意見者，以法家「因時而變」的主張最具代表性。管仲認為明君治國要「隨時而變，因俗而動」；商鞅認為「世事變而行道異」；韓非子認為「古今異俗，新故異備」。他們將當世君王的權威置於前代聖王之上，宣導以賞功罰罪的權術治理國家，探索出一系列革新措施，爭相在各國進行變法，改變了當時的強弱格局。

▲〈海水旭日圖〉（局部）〔明〕戴進

㉙解弦更張①

〔漢〕董仲舒

琴瑟不調，甚②者必解而更張之，乃可鼓③也；為政而不行，甚者必變而更化之，乃可理④也。當更張而不更張，雖有良工不能善調也；當更化而不更化，雖有大賢不能善治也。故漢得天下以來，常欲善治而至今不可善治者，失⑤之於當更化而不更化也。

①選自《漢書》（中華書局 1962 年版）。標題為編者所加。
　張，樂器上弦。
②甚：厲害，嚴重。
③鼓：彈奏。
④理：治理。
⑤失：過錯。

文 意

　　琴瑟的音不協調，嚴重的必須把弦拆下來重新安裝，
才能夠彈奏；處理政事而沒有成效，嚴重的必須破舊改制，
才能夠治理。應當重新安裝琴弦而不重新安裝，就算有技
藝精湛的工匠也調理不好；應當改制而不改制，就算有德
才兼備的賢人也治理不好。所以漢朝得天下以來，常想治
理好而至今沒能治理好，就錯在應當改制卻沒有改制。

歷史上的改革者

　　中華民族有悠久的歷史和銳意改革的優良傳統，偉大的改革家和變法者代有所出。先秦的管仲、子產、魏斯、商鞅，漢代的桑弘羊，三國的曹操、諸葛亮，唐代的楊炎、王叔文，宋代的范仲淹、王安石，明代的張居正等，都是名垂千古的改革者。他們順應歷史發展的潮流，以敏銳的眼光洞察當時社會的各種弊端，在政治、經濟、文化領域進行了大膽的改革。

　　許多改革者在與舊傳統、舊習慣、舊思想做鬥爭的過程中付出了沉重的代價，如商鞅，因採用嚴刑峻法打擊秦國貴族勢力，在秦孝公去世後，被誣告謀反，車裂示眾；桑弘羊因實行經濟改革，遭到官僚和商賈的抵制，在漢武帝去世後，捲入與霍光的政治鬥爭中，被牽連滅族。但是，他們的勇敢嘗試，卻為後來者開闢了道路，成為社會一步步向前發展的推動力。

㉚鳩工庀材，以新厥構①

梁啟超

　　今有巨廈，更② 歷千歲，瓦墁③ 毀壞，榱棟④ 崩折，非不枵然⑤ 大也，風雨猝集，則傾圮必矣。而室中之人猶然酣嬉鼾臥⑥，漠然無所聞見。或則睹其危險，惟知痛哭，束手待斃，不思拯救。又其上者，補苴罅漏⑦，彌縫蟻穴，苟安時日，以覬有功。此三人者用心不同，漂搖一至，同歸死亡。善居⑧ 室者，去其廢壞，廓清⑨ 而更張之，鳩工庀材，以新厥構。圖始雖艱，及其成也，輪焉奐焉⑩，高枕無憂也。惟國亦然。由前之說罔不亡，由後之說罔不強。

①選自《梁啟超全集》（北京出版社 1999 年版）。標題為編者所加。鳩工庀（ㄆㄧˇ）材，以新厥構：招集工匠，準備材料，來更新其架構。鳩，聚集。庀，備具。厥，其。
②更：經歷。
③瓦墁（ㄇㄢˋ）：屋瓦和牆壁。墁，本是粉刷牆壁的工具，這裡指粉飾過的牆壁。
④榱（ㄘㄨㄟ）棟：椽子和正梁。

⑤枵（ㄒㄧㄠ）然：中空的樣子。這裡形容房屋闊大。

⑥酣嬉鼾臥：盡情嬉戲，打鼾熟睡。

⑦補苴（ㄐㄩ）罅（ㄒㄧㄚˋ）漏：補好裂縫和漏洞。補苴，補綴，縫補。罅漏，裂隙和漏洞。

⑧居：治理。

⑨廓清：澄清，肅清。

⑩輪焉奐焉：房屋高大華麗的樣子。輪，高大。奐，鮮明，盛大。

現有一座大廈，經歷了千年，屋瓦和牆壁毀壞了，椽子和正梁崩折了，它不是不闊大，風雨突然到來時，也一定會倒塌。可是屋子裡的人，還在盡情嬉戲，打鼾熟睡，冷漠得像沒有聽見也沒有看見；有的人看到這樣很危險，只知道痛哭，束手待斃，卻不去想補救的辦法；又有比這強一點的，補好裂縫和漏洞，堵住螞蟻窩，姑且安穩一段時日，希圖能有一些成效。這三種人的想法不同，但動盪一來，都會歸於死亡。善於管理房子的人，會拆除廢壞的地方，清理好後重新設計，再招集工匠，準備材料，來更新它的架構。一開始的謀劃雖然艱苦，到建成時，房子又高大又華麗，就可以高枕無憂。治理國家也是這樣。按照前面的辦法沒有不滅亡的，按照後面的辦法沒有不強大的。

周世宗改革

周世宗柴榮是周太祖郭威的內侄，也是其養子。他繼位後，以為自己尚有三十年時間處理政務，便定下了「十年開拓天下，十年養百姓，十年致太平」的宏偉目標。

為了實現這一目標，周世宗一方面十分重視用兵，致力於開疆拓土、統一天下；一方面留意於整頓吏治、減輕民困，使百姓得以休養生息。在政治方面，他求賢納諫，廣開言路，同時裁減冗員，嚴懲貪吏。在軍事方面，他身先士卒，親自帶兵上陣，並通過整肅軍紀、嚴明賞罰，克服了驕將惰卒的弊病，又通過整頓禁軍、加強備邊、建設水軍，保衛了百姓的安全。在經濟方面，他獎勵墾荒、減輕賦稅、興修水利、整頓漕渠，並通過限制僧尼增加勞動力，推動了農業生產。

顯德六年（959年），周世宗在行軍途中病倒，不久去世，在位僅五年零六個月。他統一天下的事業雖未完成，但他的各項改革措施，為後來北宋統一全國奠定了基礎。

行知園

口能誦

背誦本單元所有課文並能完成下面的填空。

（1）故知因而不知革，＿＿＿＿＿＿＿＿。知革而不知因，

＿＿＿＿＿＿＿＿。

（2）故治國無法則亂，＿＿＿＿＿＿＿，＿＿＿＿＿＿＿。

（3）當更張而不更張，＿＿＿＿＿＿；當更化而不更化，

＿＿＿＿＿＿。

學而思

1. 西周初期，周武王大力實行分封制，但秦朝時李斯堅決反對實行分封制，主張實行郡縣制。根據他們各自所處的歷史環境，恰當的評價是（　　　　）。

A·周武王是對的，李斯是錯的

B·周武王是錯的，李斯是對的

C·他們的主張在當時都是合理的

D·他們的主張都經不起時間檢驗

2.《韓非子·定法》中說：「及孝公、商君死，惠王即位，秦法未敗也。」力主變法的商鞅雖被誣告謀反，車裂示眾，但新法並未被廢除，出現這一現象的根本原因是（　　　　）。

A·新法得到了統治者的支持　　B·新法順應了歷史發展的趨勢

C·新法在當時已經深入人心　　D·變法沒有產生消極影響

行且勉

　　改革不僅是古代中國社會不斷向前發展的推動力，也是決定
當代中國命運的關鍵抉擇。請結合本單元所提到的古代改革者，
查一查相關資料，說一說他們的成敗對今天有什麼啟示。

心得筆記

A0601A09

朝讀經典 9：修齊治平

主　　編	馮天瑜	
版權策劃	李　鋒	

發 行 人	陳滿銘
總 經 理	梁錦興
總 編 輯	陳滿銘
副總編輯	張晏瑞
編 輯 所	萬卷樓圖書股份有限公司
特約編輯	王世晶
內頁編排	小　草
封面設計	小　草
印　　刷	維中科技有限公司

出　　版	昌明文化有限公司
	桃園市龜山區中原街 32 號
電　　話	(02)23216565
發　　行	萬卷樓圖書股份有限公司
	臺北市羅斯福路二段 41 號 6 樓
	之 3
電　　話	(02)23216565
傳　　真	(02)23218698
電　　郵	SERVICE@WANJUAN.COM.TW

大陸經銷	廈門外圖臺灣書店有限公司
電　　郵	JKB188@188.COM

ISBN 978-986-496-389-8
2019 年 2 月初版
定價：新臺幣 460 元

如何購買本書：

1. 劃撥購書，請透過以下帳號
　 帳號：15624015
　 戶名：萬卷樓圖書股份有限公司
2. 轉帳購書，請透過以下帳戶
　 合作金庫銀行古亭分行
　 戶名：萬卷樓圖書股份有限公司
　 帳號：0877717092596
3. 網路購書，請透過萬卷樓網站
　 網址 WWW.WANJUAN.COM.TW

大量購書，請直接聯繫，將有專人為
您服務。(02)23216565 分機 10
如有缺頁、破損或裝訂錯誤，請寄回
更換

國家圖書館出版品預行編目資料

朝讀經典 .9：修齊治平 / 馮天瑜主編 .-- 初版 .--
桃園市：昌明文化出版；臺北市：萬卷樓發行，
2019.02
100 面；18.5x26 公分
978-986-496-389-8(平裝)
1. 國文科 2. 漢學 3. 中小學教育
　523.311　　　　　　　　　108001386